BEI GRIN MACHT SICH IHR WISSEN BEZAHLT

- Wir veröffentlichen Ihre Hausarbeit,
  Bachelor- und Masterarbeit

- Ihr eigenes eBook und Buch -
  weltweit in allen wichtigen Shops

- Verdienen Sie an jedem Verkauf

Jetzt bei www.GRIN.com hochladen
und kostenlos publizieren

Bibliografische Information der Deutschen Nationalbibliothek:

Die Deutsche Bibliothek verzeichnet diese Publikation in der Deutschen National-
bibliografie; detaillierte bibliografische Daten sind im Internet über http://dnb.d-
nb.de/ abrufbar.

Impressum:

Copyright © 2009 GRIN Verlag, Open Publishing GmbH
Druck und Bindung: Books on Demand GmbH, Norderstedt Germany
ISBN: 9783640524334

Dieses Buch bei GRIN:

http://www.grin.com/de/e-book/143210/das-negativ-schoene

Julia Kulewatz

Das Negativ-Schöne

Ein Versuch über die Negation des ästhetischen Subjektes

GRIN Verlag

GRIN - Your knowledge has value

Der GRIN Verlag publiziert seit 1998 wissenschaftliche Arbeiten von Studenten, Hochschullehrern und anderen Akademikern als eBook und gedrucktes Buch. Die Verlagswebsite www.grin.com ist die ideale Plattform zur Veröffentlichung von Hausarbeiten, Abschlussarbeiten, wissenschaftlichen Aufsätzen, Dissertationen und Fachbüchern.

Besuchen Sie uns im Internet:

http://www.grin.com/

http://www.facebook.com/grincom

http://www.twitter.com/grin_com

Universität Erfurt

Veranstaltungstyp: BA-Philosophie, Hauptseminar

Seminar: „Philosophien der Kunst."

Semester: Sommersemester 2009

Titel des Essays: „Das Negativ-Schöne: Ein Versuch über die Negation des ästhetischen Subjektes."

Abgabe: 17.06.09

Verfasserin: Julia Kulewatz

Studiengang: Kulturwissenschaften

Haupt: Literaturwissenschaft

Neben: Philosophie

Derzeitiges Fachsemester: 6tes

Das Negativ-Schöne:

Ein Versuch über die Negation des ästhetischen Subjektes

„Jedes Kunstwerk ist eine absolute Untat."[1]
(Theodor W. Adorno, 1903)

Wie beginnt man einen Essay im bloßen Hinblick auf die Philosophien der Kunst, wenn dem armen Rezipienten bis heute unklar bleiben muss, was denn nun Kunst ausmacht und wo der konkrete Zusammenhang zu suchen ist in Verbindung mit der Philosophie.

Wenn also Kunst noch immer Denken und Reflexion abverlangt, bleibt der hilflose Rezipient sich selbst, seinem Verstand, seiner Vernunft, überlassen.

Er steht ihm allein gegenüber, dem Kunstwerk.

Das ästhetische Subjekt muss ambivalent sein, birgt es doch von Anfang an das Trauma in sich, indem es die Ambivalenz der Erkenntnis offenbaren kann. Die ästhetische Reflexion durch den Betrachter ist fähig den Wahrheitsgehalt eines Kunstwerkes herauszustellen.

Ist diese Reflexion nun bereits philosophisches System? Diejenige Philosophie die es ermöglicht den Wahrheitsanspruch eines Kunstwerkes herauszustellen muss zunächst ästhetische Gesichtspunkte mit einbeziehen. Aber bereits mit der Betrachtung des Kunstwerkes vollzieht sich die Ästhetisierung des Kunstobjektes. Philosophie ästhetisiert, Ästhetik philosophiert, indem sich das ästhetische Subjekt weit über die Mimesis hinausgehend verselbstständigt, also mehr wird als bloßes,

---

[1] Vgl. Adorno, Theodor W. : http://baseportal.de/cgi-bin/baseportal.pl?htx=/Peter_Eckardt/Kunstzitate

2

verräterisches Simulacrum imaginierter Wirklichkeit. Kunst ist niemals identisch mit Wirklichkeit, sie konstituiert eine eigene.

Kunst ist philosophische Projektionsfläche.
Die dem Betrachter eine eigene Entscheidung abzuverlangen scheint. Sie eröffnet ihm bestenfalls die Metaebenen verschiedener Wirklichkeiten, schlimmstenfalls wird sie zum Spiegel menschlicher Urängste als veranschaulichtes, philosophisch zerlegbares Traumata.

Kunst ist Kritik.
Eben diese Kritik richtet sich oftmals an das individuelle und kollektive Subjekt.[2] Bereits die Kunstphilosophie der Spätmoderne widmet sich eben diesem Subjekt in ganz besonders aufmerksamer Weise, indem sie das Negativ-Schöne die Bühne betreten lässt. Die Kunst der Spätmoderne ist selbstreflexiv und über die Maßen selbstkritisch. Nie zuvor wurde dem ästhetischen Subjekt eine solch uneingeschränkte Individualität durch den Künstler und die Betrachtungen den Rezipienten zugesprochen.
Die radikale Negation einer nicht vorhandenen Identität tritt in der Postmoderne in den Vordergrund, die Individualität des ästhetischen Subjekts wird gleichermaßen bestätigt und durch endgültige Negation außer Kraft gesetzt.
Dennoch das Einzelsubjekt wird gerettet indem sich das Negativ-Schöne selbst über das Erhabene hinwegsetzt. Die postmoderne Philosophie der Kunst muss sich also in Form des Kantischen Erhabenen letztendlich gegen das Subjekt selbst richten.[3]
Die Autonomie des kollektiven Subjekts, seine Individualität überhaupt wird infrage gestellt. Kunst verweist auf die Problematiken einer Gesellschaftsutopie und die individuelle Subjektivität innerhalb dieser offensichtlichen Utopie.

---

[2] Vgl. Zima, P. V.: „Ästhetische Negation.", S. ix, Z. 14f
[3] Ebd. S. x

Das Subjekt wird negiert.

Während der Rezipient von einer ästhetischen in die nächste philosophische, soziale, historische, politische, wissenschaftliche oder kulturelle Problematik geworfen wird.

Der Subjekt-Skeptizismus gipfelt meines Erachtens in den Ausführungen des französischen Philosophen und Literaturtheoretikers, Jean-François Lyotards. Bisher hat sich der Inhalt eines Kunstwerkes vor allem über dessen Formgebung transportiert. Mit Kritik am Strukturalismus selbst wird auch diese angezweifelt. Das ästhetische Subjekt ist nicht länger Träger von Wissen oder gar Vernunft. Die reale Welt kann sich mit Hilfe der Vernunft niemals gänzlich repräsentieren der Kunst bleibt nichts weiter übrig als zum ewig überholbarem Simulacrum der Realität zu verkommen. Sie ist und bleibt im Imaginierungsprozess gefangen.

Philosophisch ästhetische Legitimation bleibt lediglich spekulativ ist nur belebt durch das immerwährende Durchdringen des ästhetischen Subjektes durch den menschlichen Geist. Diesen zu hinterfragen durch den menschlichen Geist ist jedoch nicht mehr als einer unter unzähligen Interpretationsansätzen. Regeln gibt es nicht, Kunst wird unfähig im Hinblick auf moralische und ästhetische Fragestellungen adäquat Antwort zu geben: Und wieder steht der Rezipient allein.

„Kunstwerke werden umso weniger genossen, je mehr einer davon versteht." [4]
(Theodor W. Adorno, 1903)

Die ästhetische Negation hat weiterhin Bestand. Adorno, Mallarmés und Valérys zufolge kann sie sogar zum Ausgangspunkt eines neuen Verständnisses für das kollektive, individuelle Subjekt werden. Das

---

[4] Vgl. Adorno, Theodor W. : http://baseportal.de/cgi-bin/baseportal.pl?htx=/Peter_Eckardt/Kunstzitate

Subjekt könnte sich seiner Selbst bewusst werden innerhalb der eigenen, für den Rezipienten nicht länger fassbaren, Verselbstständigung des ästhetisch-philosophischen Prozesses des Bewusstmachens. Denn Kunst konstituiert die absolute ästhetische Erfahrung weit über die Betrachtung hinaus.

Die Negation des ästhetischen Subjekts trat nach dem Scheitern des hegelschen Systems zutage. Die mit der Wirklichkeit verbrüderte Kunst avanciert zu einem Ding der Unmöglichkeit. Objekt und Subjekt, Denken und Sein werden in der Negation unversöhnlich.[5] Nietzsche und Marx, begegnen ihrem einstigen Lehrer mit entsprechender Ironie und holen das kritische Denken zurück aus Innerlichkeit und romantischer Weltflucht.
Erst Adorno definiert selbst die von Marx und Engels konstituierte Wirklichkeit als eine negative. So dass die Negation der Negation nichts weiter als ungenügender Ausdruck ist. Um in einer solchen Negativität verharren zu können ist die völlige Ablehnung historischer Immanenz von Nöten. Auch Mallarmé lehnt die immanente Gesellschaftskritik ab, die geistige Verwandtschaft zu Adorno wird deutlich anhand der negativen Dialektik und der spätmodernen Selbstkritik in Form des Negativ-Schönen.

Lyotards Negativität wird weiter gehen als die Adornos, Mallarmés oder Valérys, denn das Subjekt wird nun zum Opfer der eigenen Negation, die sich wiederum selbst hinterfragen muss. Letztendlich wendet sich die ästhetische Negation auch gegen das menschliche Subjekt.

„Leben, das Sinn hätte, fragte nicht danach."
(Theodor, W. Adorno, Negative Dialektik, S. 369)

Kunst und ihr Sinn werden ebenso wie das menschliche Sein vollkommen in infrage gestellt. Die poststrukturalistische These geht bereits von einer Autonomie der Sprache, also ebenso des Zeichens, aus dem sie

---

[5] Vgl. Zima, P. V.: „Ästhetische Negation.", S. 1

zusammengesetzt ist, aus. Sprache formiert sich, ist wandelbar, das totgesagte Subjekt verliert an Qualität, muss also endgültig negiert werden.[6]

Die Autonomie des Subjektes wird schon dadurch bewiesen, dass es fähig ist, Bewusstseinszustände, von ganz individueller Form, auszuklammern. Der direkte Kontakt mit der Wirklichkeit ist durch die Trennung von ästhetischem Subjekt und Wirklichkeit nicht möglich.

Kritisch würde ich an dieser Stelle hinterfragen, ob es der modernen Kunstwissenschaft wirklich daran gelegen ist, die Nichtidentität des ästhetischen Subjektes und Objektes herauszustellen? Dies würde in letzter Konsequenz die völlige Verneinung einer Identität zwischen dem Interpreten und dem zu Interpretierenden bedeuten.

Mukařovský geht von einer Art Selbstrealisierung des ästhetischen Subjektes innerhalb verschiedener ästhetischer Objekte aus. Die Einheit des Kunstwerkes wird bei ihm weder geleugnet noch negiert. Das Verhältnis des Subjektes zur Wirklichkeit charakterisiert sich seiner Auffassung nach durch dessen Objektivierung.

Das Kunstwerk würde somit zur Selbstrealisierung des eigenen Metasinns und des Betrachters selbst. Der Rezipient erkennt sich durch Kunsterfahrung nicht im Spiegel seiner selbst, sondern im Anderen, er verliert sich an eine durch das Kunstwerk imaginierte Wirklichkeit, in der er sich als ein Anderes wiederfindet. Dem Subjekt wird also die ästhetische Funktion per definitione zugesprochen.

Aber das Negativ-Schöne, das „schwarze Licht" der Postmoderne verneint eben diese Funktion überhaupt. Die Frage nach dem Sinn von Kunst steht erneut im Raum.

Die Negation des ästhetischen Subjekts eröffnet hier eine andere Realität, die so sicherlich nicht gedacht war: Die Negation tritt der Perfektion gegenüber.

---

[6] Vgl. Čivikov, G.: „Subjekt und ästhetisches Zeichen." In: „Das ästhetische Objekt."

Die Perfektionierung der Perfektion fällt auf sich selbst zurück, sie wird unnegierbar. Perfektion integriert die Funktion der Selbstbestimmung. Diese wiederum verlangt Begründung, die aus der Vorstellung von reflexiver Erfahrung begründet wird. Negation wird also wieder möglich, indem sich die Perfektion aus sich selbst heraus begründen muss. Unnegierbarkeit von Negation muss nun aus einem abstrakteren Winkel rekonstruiert werden. [7]

Ich möchte meine Ausführungen zum Negativ-Schönen mit Theodor W. Adorno selbst, den ich oft zu Rate gezogen habe, enden lassen. Seine negativ-dialektische Philosophie erlaubt keine Gegenmacht im positiven Sinne, welche sich dem sich verselbstständigenden, entfesselten Subjekt entgegen stellen könnte. Das Subjekt muss sich innerhalb eines negativ-dialektischen Prozesses selbst überwinden, muss etwas anderes, dass niemals ästhetisches Subjekt sein kann, freisetzen. Subjektivität nach Adorno wird nicht lediglich unwahr, sondern überträgt den ambiguen Wunsch nach Befreiung auf den Rezipienten.

Doch lassen wir Adorno ein letztes Mal innerhalb dieses Versuches zu Worte kommen:

„Licht fällt auf die restaurativen Philosphien von heutzutage vom kitschigen Exotismus kunstgewerblicher Weltanschauungen her, wie dem erstaunlich konsumfähigen Zen-Buddhismus. Gleich diesem simulieren jene eine Stellung des Gedankens, welche einzunehmen die in den Subjekten aufgespeicherte Geschichte unmöglich macht. Einschränkung des Geistes auf das seinem geschichtlichen Erfahrungsstand Offene und Erreichbare ist ein Element von Freiheit; das begrifflos Schweifende verkörpert deren Gegenteil. Doktrinen, die dem Subjekt unbekümmert in den Kosmos entlaufen, sind samt der Seinsphilosophie mit der verhärteten

---

[7] Luhmann, N.: „Negation und Perfektion." In: Positionen der Negation.", S. 469

Verfassung der Welt, und den Erfolgschancen in ihr, leichter vereinbar als das kleinste Stück Selbstbesinnung des Subjekts auf sich und seine reale Gefangenschaft."

(Theodor W. Adorno: Negative Dialektik, Bd. 6 der Gesammelten Schriften, S. 76)

Literaturnachweis

Primärliteratur:

Alker, Andrea B.: „Das Andere im Selben. Subjektivitätskritik und Kunstphilosophie bei Heidegger und Adorno.", Königshausen und Neumann, Bochum 2007

Zima, Peter V.:„Ästhetische Negation. Das Subjekt, das Schöne und das Erhabene von Mallarmé, Valéry zu Adorno und Lyotard.", Königshausen & Neumann, Würzburg 2005

Sekundärliteratur:

Čivikov, Germinal: „Das ästhetische Objekt. Subjekt und Zeichen in der Literaturwissenschaft anhand der Kategorie des Prager Strukturalismus." Bd. 7, in : „Pobleme der Semiotik." (hrsg. von Roland Posner), Stauffenburg Verlag, Tübingen 1987

Nonnenmacher, Kai: „Das schwarze Licht der Moderne. Zur Ästhetikgeschichte der Blindheit.", Niemeyer Verlag, Tübingen 2006

Weinrich, Harald: „Positionen der Negativität." Fink Verlag, München 1975